PROJET

DE

RÉDACTION

D'UNE

CHARTE CONSTITUTIONNELLE

DÉFINITIVE.

PROJET

DE

RÉDACTION

D'UNE

CHARTE CONSTITUTIONNELLE

DÉFINITIVE,

ADRESSÉ AU GOUVERNEMENT ET AUX CITOYENS FRANÇAIS,

PAR

M. DE LA FOREST-D'ARMAILLÉ,

ANCIEN CONSEILLER AU PARLEMENT DE BRETAGNE ET PRÉSIDENT A
LA COUR ROYALE DE RENNES, MEMBRE DE LA CHAMBRE
DES DÉPUTÉS EN 1815.

To be or not to be that is the question.
Shakespeare.

A RENNES,

IMPRIMERIE DE J. M. VATAR,

RUE SAINT-FRANÇOIS.

1831.

AVERTISSEMENT.

La chambre des Députés a déclaré, le 7 août 1830, que le *préambule de la Charte constitutionnelle*, *du 4 juin 1814*, *était supprimé*, et que plusieurs articles de cette Charte devaient être également *supprimés ou modifiés* de la manière *indiquée dans la même déclaration*.

Mais ces changemens ne peuvent être *définitivement adoptés* que lorsqu'ils auront été soumis à l'acceptation individuelle *des citoyens français*, comme on leur avait soumis les différentes constitutions qui avaient précédé celle de 1814.

Dans une circonstance aussi grave, il est de leur devoir de manifester clairement leurs opinions sur les différentes *suppressions ou modifications indiquées* par la chambre des Députés, et sur le projet de rédaction de la Charte constitutionnelle définitive, qui fixera les destinées de notre patrie.

Les changemens ou additions que je crois devoir proposer sur plusieurs articles de celle de 1814, seront indiqués *en caractères italiques*.

Si ces différentes modifications paraissaient utiles, j'en développerais les *motifs* par des observations plus détaillées, et je recevrai avec reconnaissance celles que mes concitoyens voudront bien m'adresser sur ces grandes questions.

OBSERVATIONS

SUR

LE PRÉAMBULE

DE

LA CHARTE DE 1814.

La Charte constitutionnelle d'un peuple est la rédaction par écrit de la loi qui doit le constituer complétement et définitivement, en déterminant avec précision les droits et les devoirs respectifs des citoyens et des agens du Gouvernement.

Mais une nation n'est primitivement constituée que par les institutions qui forment son état *politique et moral*, en réunissant toutes les forces et toutes les volontés particulières sous l'empire d'un seul *Gouvernement* et d'une seule *Religion*.

La loi constitutionnelle qui détermine les formes du concours de tous les citoyens à l'exercice *des deux Puissances spirituelle et temporelle*, qui constituent essentiellement toutes les sociétés humaines, *la Puissance législative* et *la Puissance exécutive*, n'a point pour objet d'affaiblir ou de détruire ces deux premières institutions fondamentales de tout ordre social;

Son unique objet est au contraire de leur donner une nouvelle vigueur en les rappelant au but de leur établissement primitif, et en soumettant leurs agens à une censure régulière.

Toutes les institutions humaines dégénèrent avec le temps, et on ne peut prévenir les révolutions et les malheurs qui les accompagnent toujours, que par les réformes sages et les améliorations progressives que réclame, long-temps avant ces révolutions, le sens commun des peuples, dont l'opinion publique est le véritable organe.

Une Charte constitutionnelle est le résultat nécessaire des progrès successifs de cette opinion générale, et elle doit la fixer irrévocablement sur toutes les grandes *vérités politiques*, comme *la Religion Catholique* l'a invariablement fixée sur toutes *les vérités morales*.

L'auguste Fondateur de celle de 1814 avait expressément reconnu *que le vœu de ses sujets pour une Charte constitutionnelle était l'expression d'un besoin réel;*

Et après avoir rappelé ce que les Rois ses prédécesseurs avaient fait *pour affranchir les communes, confirmer et étendre leurs droits, établir et développer l'ordre judiciaire, régler toutes les parties de l'administration publique,*

Ce Monarque législateur avait sagement apprécié *les effets des progrès toujours croissans des lumières, les rapports nouveaux que ces progrès ont introduits dans la société, la direction imprimée aux esprits depuis un demi-siècle, et les graves altérations qui en étaient résultées.*

Il avait observé en même temps *que, lorsque la sagesse des Rois s'accorde librement avec le vœu des peuples, une Charte constitutionnelle peut être de longue durée ; mais que, quand la violence arrache des concessions à la faiblesse du Gouvernement, la liberté publique n'est pas moins en danger que le trône même.*

S'il était nécessaire de rappeler des faits trop universellement connus, il serait facile de justifier que tous les troubles et tous les désordres qui ont affligé la France depuis l'établissement de la Charte de 1814, et particulièrement en 1830 et en 1831, ne peuvent être attribués qu'à une seule cause ;

La lutte insensée ou criminelle des différens partis qui ont méconnu la sagesse royale , repoussé ses bienfaits , et employé tous les moyens pour usurper les places et le pouvoir.

L'impossibilité dans laquelle cette lutte continuelle a mis le Gouvernement de proposer les différentes lois organiques nécessaires pour assurer l'exécution de la Charte , et soumettre à des règles fixes la nomination à tous les emplois de l'administration publique , a été la véritable cause de la dernière révolution du mois de juillet 1830.

Toute la France reconnaît aujourd'hui que le seul moyen de prévenir les nouveaux malheurs dont elle est menacée , est d'accomplir les intentions de Louis XVIII , en complétant son ouvrage par l'établissement des lois que sa haute sagesse avait jugées nécessaires et spécialement annoncées.

Mais les différentes modifications, ou plutôt les développemens de la Charte de 1814 , que tous les Citoyens français avaient acceptée et consacrée par leurs sermens, pendant plus de quinze ans (1), ne peuvent être définitivement

(1) Les adresses présentées au Roi par la chambre des Pairs et celle des Députés, les 4 et 6 juin 1814 , contenaient une acceptation de la Charte *considérée comme sanctionnant le vœu des Français.*

adoptés qu'après avoir été soumis à leur acceptation individuelle, comme on leur avait soumis les autres Constitutions qui l'avaient précédée.

Dans l'état actuel de la civilisation, et si l'on veut consulter de bonne foi le sens commun universel, éclairé par la longue expérience des siècles, et par quarante années de révolutions successives, le travail relatif à ces modifications ne présente aucunes difficultés réelles, et se réduit à deux objets principaux :

1º La détermination claire et précise des conditions nécessaires pour acquérir et conserver la qualité de *citoyen, civitatis* ou *gentis homo;*

2º La détermination également claire et précise *des droits politiques*, que cette qualité doit leur attribuer.

Il résulte des observations précédentes,

1º Que tous les Gouvernemens sont fondés *en fait* par l'association volontaire des hommes qui ont acquis une *supériorité réelle* par leurs connaissances ou par leurs talents; mais que ces mêmes Gouvernemens ne peuvent parvenir au terme commun qui leur est fixé qu'en se concentrant dans *une seule personne, dépositaire de la puissance publique*, et en s'élevant ensuite graduellement à l'état de *justice et de sagesse* qui doit caractériser *les Monarchies légitimes et héréditaires*, et enfin à celui de *liberté et de bonté* qui doit également caractériser *les Monarchies constitutionnelles*.

2° Que la Nation française était celle dont le Gouvernement avait suivi avec le plus de constance et de succès la marche progressive à laquelle le souverain Législateur du monde a attaché le bonheur et la gloire des sociétés humaines.

3° Que Louis XVIII avait compris particulièrement, dans toute son étendue, la mission qui lui était réservée, en accomplissant l'ouvrage de ses augustes prédécesseurs, et particulièrement les intentions paternelles du vertueux Louis XVI.

4° Que les lois organiques annoncées par la Charte de 1814 ne présentent aucunes difficultés réelles, si l'on veut se conformer de bonne foi aux principes qu'elle a reconnus et consacrés.

5° Enfin, que notre constitution politique est celle qui, jusqu'à présent, est la plus conforme au vrai modèle de tous les Gouvernemens, tel que la Religion catholique la fait connaître aux hommes. (Commentaire sur les lois anglaises, par *Blakstone*, int., sect. 2°). (Bossuet, politique sacrée). (Principes de Fénélon sur la souveraineté, tirés de l'Essai sur le gouvernement civil, par *M. de Ramsay*).

PROJET DE RÉDACTION

D'UNE

CHARTE CONSTITUTIONNELLE DÉFINITIVE.

PREMIÈRE SECTION.

Droits publics des Français.

ART. 1.　　**ART. 1.** Les Français sont égaux devant la loi, quels que soient d'ailleurs leurs titres et leurs rangs.

2.　　2. Ils contribuent indistinctement, dans la proportion de leur fortune, aux charges de l'Etat.

3.　　3. Ils sont tous également admissibles aux emplois civils et militaires, *pourvu qu'ils remplissent les conditions générales qui seront déterminées par la loi, pour justifier leur capacité et leur moralité.*

4.　　4. Leur liberté individuelle est également garantie, personne ne pouvant être poursuivi ni arrêté que dans les cas prévus par la loi, et dans la forme qu'elle prescrit.

5.　　5. Chacun professe sa religion avec une égale liberté, *dans l'intérieur de sa famille; mais aucun culte public ne peut être établi qu'après avoir été spécialement autorisé.*

6. 7.   6. La Religion catholique, apostolique et romaine est la religion de l'Etat; ses ministres, et ceux des autres cultes chrétiens, reçoivent seuls des traitemens du trésor public.

8.   7. Les Français ont le droit de publier et de faire imprimer leurs opinions *ou réclamations individuelles, en faisant connaître leurs noms et leurs domiciles,* et en se conformant aux lois qui doivent réprimer les abus de cette liberté.

9.   8. Toutes les propriétés sont inviolables, sans aucune exception de celles qu'on appelle *nationales,* la loi ne mettant acune différence entre elles; *en conséquence, toutes les contestations relatives à ces propriétés seront jugées par les tribunaux ordinaires, d'après les lois civiles communes à toutes les propriétés.*

10.   9. L'Etat peut exiger le sacrifice d'une propriété, pour cause d'intérêt public légalement constaté, mais avec une indemnité préalable.

12.   10. La conscription est abolie. Le mode de recrutement de l'armée de terre et de mer est déterminé par une loi.

IIe SECTION.

Droits politiques des citoyens.

ART. 11. Tout Français doit jouir des droits civils; mais l'exercice de ces droits est indépendant *de la qualité de citoyen*, qui ne peut s'acquérir et se conserver que conformément à la loi constitutionnelle (C. civ. art. 7 et 8).

12. Pour acquérir la qualité *de citoyen*, il est nécessaire d'avoir atteint l'âge de 3o ans, de payer depuis un an une contribution directe de 5o fr., qui sera élevée à 100 fr. dans les communes composées de plus de 5,000 habitans, et enfin d'être *père de famille*.

13. Sont néanmoins exceptés de cette dernière condition, les fonctionnaires publics, et les Français qui auront obtenu une récompense honorifique pour des services rendus à l'Etat.

14. Les droits politiques des citoyens sont, de concourir à l'exercice de la puissance législative, en nommant les membres de la Chambre des députés, et de proposer au Roi des candidats pour les fonctions de membres des différens conseils intermédiaires de l'administration intérieure de l'Etat.

15. Ils pourront seuls aussi être admis à donner des certificats de moralité aux Français qui se présenteront pour les différens emplois publics, et à remplir eux-mêmes les fonctions *de jurés* auprès des tribunaux criminels.

16. Pour faciliter aux *citoyens* l'exercice de leurs droits politiques, le territoire français sera divisé en communes, en arrondissemens communaux, et en départemens.

17. Les citoyens domiciliés de fait dans chaque commune depuis un an, seront seuls admis à former l'assemblée primaire de cette commune.

18. Les assemblées primaires des communes nommeront à vie les membres des collèges électoraux d'arrondissement, dans un nombre proportionné à leur population respective, et présenteront au Roi des candidats pour les fonctions de maire et de membres du conseil municipal.

19. Les collèges électoraux d'arrondissement nommeront également à vie les membres des collèges électoraux de département, dans un nombre proportionné à leur population respective, et proposeront au Roi des candidats pour les fonctions de membres du conseil d'arrondissement.

20. Les collèges électoraux de département nommeront seuls les membres de la chambre des

Députés, et proposeront au Roi des candidats pour les fonctions de membres du conseil général du département.

~~~~~~

IIIe SECTION.

Formes du Gouvernement du Roi.

ART. 13.   Art. 21. La personne du Roi est inviolable et sacrée, ses Ministres sont responsables ; au Roi seul appartient la puissance exécutive.

14.   22. Le Roi est le chef suprême de l'Etat, commande les forces de terre et de mer, déclare la guerre, fait les traités de paix, d'alliance et de commerce, nomme à tous les emplois d'administration publique, et fait les réglemens et ordonnances nécessaires pour l'exécution des lois et la sureté de l'Etat.

15.   23. La puissance législative s'exerce collectivement par le Roi, la chambre des Pairs et la chambre des Députés des départemens.

16.   24. Le Roi propose la loi.
~~~~~~

17.	25. La proposition de la loi est portée , au gré du Roi, à la chambre des Pairs ou à celle des Députés, excepté la loi de l'impôt qui doit être adressée d'abord à la chambre des Députés.

18.	26. Toute loi doit être discutée et votée librement par la majorité de chacune des deux chambres.

19.	27. Les chambres ont la faculté de supplier le Roi de proposer une loi sur quelque objet que ce soit, et d'indiquer ce qui leur paraît convenable que la loi contienne.

20.	28. Cette demande pourra être faite par chacune des deux chambres , mais après avoir été discutée en comité secret : elle ne sera envoyée à l'autre chambre, par celle qui l'aura proposée, qu'après un délai de dix jours.

21.	29. Si la proposition est adoptée par l'autre chambre, elle sera mise sous les yeux du Roi ; si elle est rejettée, elle ne pourra être représentée dans la même session.

22.	30. Le Roi seul sanctionne et promulgue les lois.

IVᵉ SECTION.

Attributions particulières du Gouvernement du Roi.

ART. 23.   Art. 31. La liste civile est fixée pour toute
la durée du règne, par la première Législature
assemblée depuis l'avénement du Roi.

57.   32. Toute justice émane du Roi ; elle s'administre en son nom par des juges qu'il nomme et
qu'il institue.

58.   33. Les juges nommés par le Roi sont inamovibles.

67.   34. Le Roi a le droit de faire grâce et celui
de commuer les peines.

71.   35. La Noblesse ancienne reprend ses titres ;
la nouvelle conserve les siens. Le Roi fait des
Nobles à volonté ; mais il ne leur accorde que
des rangs et des honneurs, sans aucune exemption des charges de la société.

74.   36. Le Roi et ses successeurs jureront, *à leur
avénement devant les Chambres réunies,* d'observer fidèlement la présente Charte constitutionnelle.

37. La Royauté est indivisible, et déléguée héréditairement à la race régnante de mâle en mâle, par ordre de primogéniture, à l'exclusion perpétuelle des femmes et de leurs descendans. (1)

38. Le Roi est mineur jusqu'à l'âge de dix-huit ans accomplis, et pendant sa minorité il y a un Régent *ou un Lieutenant-Général du Royaume ; mais la garde du Roi sera toujours confiée à sa mère.* (2)

39. La régence appartient au parent du Roi, le plus proche en degré, suivant l'ordre de l'hérédité au trône, et âgé de vingt-cinq ans accomplis, pourvu qu'il soit Français et régnicole, qu'il ne soit pas héritier présomptif d'une autre couronne, et qu'il ait précédemment prêté le serment civique.

Les femmes sont exclues de la régence. (3)

40. Si un Roi mineur n'avait aucun parent réunissant les qualités ci-dessus exprimées, le Régent du Royaume sera élu *par la chambre des Pairs.* (4)

---

(1) Constitution Française sanctionnée par Louis XVI le 3 septembre 1791, ch. 2, sect. 1, art. 1.

(2) Idem, section 2, art. 1.

(3) Idem, section 2, art. 2.

(4) Idem, art. 3. Disposition conforme à l'ancienne jurisprudence française, suivant laquelle le parlement de Paris était autorisé à déférer la régence.

Vᶜ SECTION.

De la Chambre des Pairs.

ART. 24.   41. La chambre des Pairs est une portion essentielle de la Puissance législative.

25.   42. Elle est convoquée par le Roi, en même temps que la chambre des Députés des départemens. La session de l'une commence et finit en même temps que celle de l'autre.

26.   43. Toute assemblée de la chambre des Pairs qui serait tenue hors du temps de la session de la chambre des Députés, est illégale et nulle de plein droit, *sauf le cas où elle est réunie comme Cour de Justice, et alors elle ne peut exercer que des fonctions judiciaires.*

27.   44. La nomination des Pairs de France appartient au Roi ; *leur nombre ne pourra excéder cinq cents, ni être au-dessous de trois cents : ils seront tous également nommés à vie.*

28.   45. *Les Pairs de France ne pourront être choisis que parmi des Citoyens Français âgés de quarante ans, et qui auront rempli des fonctions publiques au moins pendant quinze ans.*

2

29. 46. La chambre des Pairs est présidée par le Chancelier de France, et, en son absence, par un Pair nommé par le Roi.

3o. 31. 47. Les Princes du Sang sont Pairs par le droit de leur naissance : ils siègent immédiatement après le Président ; mais ils n'ont voix délibérative qu'à vingt-cinq ans.

32. 48. Toutes les délibérations de la chambre des Pairs sont secrètes.

33. 49. La chambre des Pairs connaît des crimes de haute trahison et des attentats à la sureté de l'Etat, qui seront définis par la loi.

34. 5o. Aucun Pair ne peut être arrêté que de l'autorité de la chambre, et jugé que par elle, en matière criminelle.

VIe SECTION.

Attributions particulières de la Chambre des Pairs et du grand Conseil d'Etat.

Art. 51. La chambre des Pairs a seule le droit de juger les Ministres d'état qui seront traduits devant elle, *soit par une ordonnance du Roi, soit par un acte d'accusation portée contre eux par la chambre des Députés.*

52. Les membres du *grand Conseil d'Etat* ne pourront être choisis que parmi les Pairs de France ; ils seront nommés à vie par le Roi, et leur nombre sera invariablement fixé à cent.

53. Le Conseil d'Etat sera divisé en cinq comités, dont chacun sera composé de vingt conseillers :

Le Comité de législation ;
Le Comité du contentieux ;
Le Comité des finances ;
Le Comité de l'intérieur et du commerce ;
Le Comité de la guerre et de la marine.

54. Ces Comités seront spécialement chargés de préparer les projets de lois, ordonnances, réglemens, et tous autres relatifs aux matières comprises dans les attributions des différens départemens ministériels.

55. Ils seront présidés par un Conseiller d'Etat nommé par le Roi.

56. Les Conseillers d'Etat attachés au comité de législation formeront particulièrement *une haute Cour de justice,* qui sera chargée d'appliquer les peines prévues par la loi, aux accusés traduits devant elle, et qui auront été déclarés coupables par un grand jury composé de quarante Pairs de France, dont les noms auront été tirés

au sort, et qui pourront être récusés par les accusés.

57. Les membres de la haute Cour de justice ne pourront juger qu'au nombre de dix, et pourront être également récusés, jusqu'à ce qu'ils ne soient réduits à ce nombre.

58. Les différentes sections du Conseil d'Etat prononceront l'annulation de tous les actes des autorités publiques qui seraient contraires aux lois de l'Etat, ou qui excéderaient leurs attributions particulières.

59. Elles pourront aussi prononcer la destitution des fonctionnaires publics inamovibles, dans les cas et suivant les formes qui seront déterminées par la loi.

60. Le Roi ordonnera la réunion complète du Conseil d'Etat, ou celle de deux ou de plusieurs comités, lorsqu'il le jugera à propos. (1)

(1) *Ordonnances du Roi des* 29 *juin* 1814, 23 *août* 1815 *et* 19 *avril* 1817.

VIIᵉ SECTION.

De la Chambre des Députés des départemens.

ART.
35. 36.

Art. 61. La chambre des Députés sera composée *de cinq cents Députés élus par les collèges électoraux des départemens, dans un nombre proportionné à leur population respective, en sorte qu'il y ait toujours au moins trois Députés pour chaque département.*

37.

62. Les Députés seront élus pour cinq ans, *et la chambre sera toujours renouvelée en entier à la fin de la dernière session.*

38.

63. Aucun Député ne peut être admis dans la chambre, s'il n'est âgé de quarante ans, et s'il ne paie une contribution directe de mille francs.

39.

64. Si néanmoins il ne se trouvait pas dans le département cinquante personnes de l'âge indiqué, payant au moins 1000 fr. de contributions directes, leur nombre sera complété par les plus imposés au-dessous de 1000 fr., et ceux-ci pourront être élus concurremment avec les premiers.

40.

65. Les électeurs qui concourent à la nomination des Députés, ne peuvent avoir droit de suffrage, s'ils ne paient une contribution directe de 300 fr. et s'ils ont moins de trente ans.

41.   66. Les Présidens des collèges électoraux seront nommés par le Roi, et de droit membres du collège.

42.   67. La moitié au moins des Députés sera choisie parmi les éligibles qui ont leur domicile politique dans le département.

43.   68. Le Président de la chambre des Députés est nommé par le Roi, sur une liste de cinq membres présentée par la chambre.

44.   69. Les séances de la chambre sont publiques ; mais la demande de cinq membres suffit pour qu'elle se forme en comité secret.

50.   70. Le Roi convoque chaque année les deux chambres : il les proroge et peut dissoudre celle des Députés des départemens ; mais, dans ce cas, il doit en convoquer une nouvelle dans le délai de trois mois.

Charte de 1814.

VIIIe SECTION.

Attributions particulières de la chambre des Députés des départemens.

ART. 45.   Art. 71. La chambre se partage en bureaux, pour discuter les projets qui lui ont été présentés de la part du Roi.

46.   72. Aucun amendement ne peut être fait à une loi, s'il n'a été proposé ou consenti par le Roi, et s'il n'a été renvoyé et discuté dans les bureaux.

47.   73. La chambre des Députés reçoit toutes les propositions d'impôts; ce n'est qu'après que ces propositions ont été admises qu'elles peuvent être portées à la chambre des Pairs.

48.   74. Aucun impôt ne peut être établi ni perçu, s'il n'a été consenti par les deux chambres et sanctionné par le Roi.

49.   75. L'impôt foncier n'est consenti que pour un an; les impositions indirectes peuvent l'être pour plusieurs années.

51.   76. Aucune contrainte par corps ne peut être exercée contre un membre de la chambre durant la session, et dans les six semaines qui l'auront précédée ou suivie.

52.   77. Aucun membre de la chambre ne peut, pendant la durée de la session, être poursuivi ni arrêté en matière criminelle, sauf le cas de flagrant délit, qu'après que la chambre a permis sa poursuite.

53.   78. Toute pétition à l'une ou à l'autre des chambres ne peut être faite et présentée que par écrit. La loi interdit d'en apporter en personne et à la barre.

55.

79. La chambre des Députés a le droit d'accuser les ministres et de les traduire devant la chambre des Pairs, qui seule a celui de les juger.

80. La chambre des Députés nommera au commencement de chaque session une commission intermédiaire permanente, composée de *cent orateurs choisis au scrutin secret, qui seront chargés de recueillir et d'examiner tous les projets de loi, toutes les pétitions ou réclamations individuelles, et tous les renseignemens relatifs à des objets d'intérét public, qui pourront leur être adressés, d'en faire le rapport à la chambre, et d'en soutenir la discussion contradictoirement avec les orateurs du gouvernement.*

Charte
de 1814.

IXᵉ SECTION.

Des Ministres.

ART. 54.

Art. 81. Les Ministres peuvent être membres de la chambre des Pairs ou de la chambre des Députés. Ils ont en outre leur entrée dans l'une ou l'autre chambre, et doivent être entendus quand ils le demandent.

56.

82. Ils ne peuvent être accusés que pour fait de trahison ou de concussion. Des lois particu-

lières spécifieront cette nature de délits, et en dé-
termineront la poursuite.

83. Le ministère exécutif du royaume sera invariablement composé de cinquante ministres d'Etat
qui seront nommés par le Roi, et révocables à sa
volonté ; mais ils ne pourront être choisis que parmi
des citoyens français âgés de quarante ans, et qui
auront rempli des fonctions publiques au moins
pendant quinze ans.

84. Les Ministres d'Etat seront particulièrement
chargés de la direction des différens départemens
du ministère exécutif, qui seront fixés au nombre
de dix.

85. Chacun de ces départemens sera dirigé par
un *Ministre secrétaire d'Etat,* qui sera nommé par
le Roi, et assisté par quatre autres *Ministres d'Etat*
qui l'aideront de leurs conseils, et le remplaceront,
en cas de besoin, dans les principaux détails de
son administration, en qualité de directeurs géné-
raux.

86. Tous les actes par lesquels le Roi juge à
propos de manifester ses volontés royales, seront
délibérés dans *un conseil privé,* qui sera composé
au moins de cinq Ministres d'Etat, mais auquel
assisteront tous ceux qui y seront spécialement
appelés.

87. Les conseils privés du Roi donneront particulièrement leur avis :

1° Sur la nomination, la révocation ou la mise en jugement de tous les fonctionnaires publics.

2° Sur la rédaction définitive des projets de lois et d'ordonnances.

3° Sur la concession de toutes les récompenses honorifiques, pensions, secours, et en général de toutes les grâces qui pourront être demandées au Roi.

4° Sur l'annulation de tous les actes des différentes autorités publiques, qui seraient contraires aux lois de l'Etat, ou qui excèderaient leurs attributions particulières.

88. Tous les avis des conseils privés du Roi seront motivés, rédigés par écrit et consignés sur des registres particuliers aux dix départemens du pouvoir exécutif.

89. Ces avis seront signés par tous les Ministres d'Etat qui auront fait partie du conseil privé qui les aura adoptés, mais chacun d'eux pourra ajouter au-dessus de sa signature les mots, *sans approbation de la présente délibération.*

90. Les attributions spéciales des dix départemens du pouvoir exécutif seront déterminées avec précision, afin que les Ministres secrétaires d'Etat ne puissent jamais être soumis qu'à la responsabilité de leurs actes *personnels.*

Xᶜ SECTION.

Attributions spéciales des dix départemens du Pouvoir exécutif.

Art. 91. Le premier objet de toutes les institutions sociales est de pourvoir aux besoins du peuple, *de développer ses facultés physiques*, et d'assurer avec *égalité* à chaque individu, dès le moment de sa naissance, les moyens d'exercer un jour *ses droits civils et politiques ;* devoirs qui constituent particulièrement les attributions *du Ministère de l'intérieur.*

92. Le second objet des mêmes institutions est de développer *les facultés morales* de l'homme, de lui apprendre à connaître ses devoirs, et de lui inspirer les vertus nécessaires pour qu'il puisse les remplir exactement dans toute leur étendue; obligation sacrée qui ne peut être confiée qu'aux *Ministres de la Religion Catholique et des cultes publics.*

93. Le troisième objet de tous les Gouvernemens est de garantir *la liberté* individuelle et l'exercice légitime de toutes les facultés naturelles de l'homme, mais de surveiller en même temps et de faire régulièrement punir tous les actes qui peuvent causer quelques dommages à

autrui ; telles sont les attributions spéciales du *Ministère de la police.*

94. Mais la puissance politique du Gouvernement doit être éclairée par une autre institution qui en examine l'usage, et offre un recours à tous les individus qui auraient à se plaindre de l'abus qui en aurait été fait à leur préjudice ; telles sont les attributions du *Ministère de la justice,* chargé particulièrement de la conservation de toutes *les propriétés.*

95. *Le Ministère des travaux publics* nécessaires aux progrès de l'agriculture et des arts, doit s'occuper particulièrement de développer *les facultés industrielles* de l'homme, et de fournir en même temps une occupation utile à tous ceux qui, faute de travail, pourraient se livrer à l'oisiveté et aux vices qui en sont la suite.

96. Mais le développement de *ses facultés intellectuelles* et leur sage direction dans l'intérêt général de la société, exigent aussi une institution particulièrement chargée de l'enseignement de toutes les connaissances spéciales nécessaires pour pouvoir être admis à remplir les différentes fonctions publiques ; tel est l'objet du *Ministère de l'instruction publique.*

97. *Le Ministère de la guerre* constitue *la puissance militaire* du Gouvernement, et lui

assure les moyens de garantir la *sureté et la tranquillité publique*, contre tous leurs ennemis *extérieurs ou intérieurs.*

98. *Celui des finances*, chargé d'administrer *la richesse publique* avec économie, *solde et récompense* tous les services rendus à l'Etat, et remplit tous ses engagemens avec *ses créanciers.*

99. *Le Ministère de la marine et des colonies* protège *le commerce maritime*, et doit procurer spécialement aux Français qui ne trouvent pas dans leur patrie les moyens d'employer utilement *leur industrie*, ceux d'acquérir, sans inconvénient pour la tranquillité publique, des richesses légitimes.

100. Enfin *le Ministère des affaires étrangères* a spécialement pour objet de maintenir *les relations politiques* qui doivent unir toutes les Nations civilisées.

∿∿∿∿

XIe SECTION.

De l'Ordre judiciaire.

59.   Art. 101. Les Cours et Tribunaux ordinaires actuellement existans sont maintênus ; il n'y sera rien changé qu'en vertu d'une loi.

60. 102. L'institution actuelle des juges de commerce est conservée.

61. 103. La justice de paix est également conservée. Les juges de paix, quoique nommés par le Roi, ne sont point inamovibles.

62. 104. Nul ne pourra être distrait de ses juges naturels.

63. 105. Il ne pourra en conséquence être créé de commissions et tribunaux extraordinaires.

64. 106. Les débats seront publics en matière criminelle, à moins que cette publicité ne soit dangereuse pour l'ordre et les mœurs ; et, dans ce cas, le tribunal le déclare par un jugement.

65. 107. L'institution des jurés est conservée. Les changemens qu'une plus longue expérience ferait juger nécessaires ne peuvent être effectués que par une loi.

66. 108. La peine de la confiscation des biens est abolie, et ne pourra pas être rétablie.

68. 109. Le Code civil et les lois actuellement existantes qui ne sont pas contraires à la présente Charte restent en vigueur, jusqu'à ce qu'il y soit légalement dérogé.

73. 110. Les Colonies seront régies par des lois et des réglemens particuliers.

XIIe SECTION.

Dispositions générales.

69.   Art. 111. Les militaires en activité de service, les officiers et soldats en retraite, les veuves, les officiers et soldats pensionnés, conserveront leurs grades, honneurs et pensions.

70.   112. La dette publique est garantie; toute espèce d'engagemens pris par l'Etat avec ses créanciers, est inviolable.

72.   113. La Légion d'honneur est maintenue. Le Roi déterminera les réglemens intérieurs et la décoration.

11.   114. Toutes recherches des opinions et votes émis jusqu'à la restauration *et jusqu'à la promulgation de la présente charte,* sont interdites. Le même oubli est commandé aux tribunaux et aux citoyens.

115. Aucun Français ne pourra remplir en même temps deux fonctions publiques, ni recevoir plusieurs traitemens d'activité de services.

116. Mais le Roi pourra leur accorder, à raison de l'importance et de la durée de ces mêmes services, une pension viagère qui comprendra dans un seul article, à la charge du trésor public, toutes

celles qui leur auraient été accordées à différens titres.

117. Tous les droits civils et politiques des Français sont individuels, et les différentes fonctions publiques ne peuvent être établies que par la loi, qui détermine seule les conditions et l'étendue de l'autorité qu'un homme peut exercer sur un autre homme (1).

118. En conséquence, aucune association, de quelque nature qu'elle soit, ne sera reconnue et ne pourra exercer des droits collectifs, que lorsque son objet spécial et ses réglemens particuliers auront été expressément approuvés.

119. Il n'y a que deux espèces de propriétés ; les propriétés particulières ou individuelles, et les propriétés communes ou nationales, qui pourront néanmoins être affectées par la loi aux différens services publics, et être administrées dans leur intérêt par des agens particuliers.

120. *Le dépôt de la charte constitutionnelle et de la liberté publique est confié à la fidélité et au courage de l'armée, des gardes nationales et de tous les citoyens (2).*

---

(1) La première, et la plus naturelle de toutes , la puissance paternelle elle-même, a été spécialement réglée par le Code civil.

(2) Loi concernant les récompenses nationales , sanctionnée par par Louis XVIII le 15 mars 1815.

TABLE.

* 9 7 8 2 0 1 1 7 8 6 4 7 0 *